U0109858

熱情的起點

—林佳龍影像側記

攝影 / 陳建仲　　　　　　　編著 / 文以崴

回到熱情的起點

──林佳龍影像側記──

文・攝影／陳建仲

對林佳龍這個名字有印象，是從1986年台大「自由之愛」學運開始。當時反對運動風潮開始蓬勃，舊體制的牢籠再也關不住開放中的人心，而這股狂潮同時也吹進校園，當時的我，還在世界新聞專科學校唸書，對於林佳龍、李文忠、羅文嘉……等人，有著很深的情感投射。我有著他們的熱情，卻沒有他們的膽識。他們衝撞體制的圍籬，甘冒著被退學的威脅，勇敢寫下台灣校園民主運動的扉頁。從那時起，林佳龍等學運領袖的名字，就如烙印般刻在我心中……

不久前，我接到朋友宋政坤的電話，他說想出版一本人物攝影集，主角正是他的高中老同學林佳龍，他希望我能為這本攝影集操刀，當時我不假思索便一口答應了。只是，掛上電話後，我的內心卻開始踟躕不安……因為我對「現在的林佳龍」只剩下片段的印象，糢糊到毫無把握是否能夠完整抓住他的精神。儘管林佳龍之前當過行政院發言人以及新聞局長，他的身影在媒體上四處可見，但往往鏡頭前的他，總是一身西裝筆挺的模樣，無論是對民眾宣布政策或是與在野黨對峙，他永遠能夠保持風度，不慍不火，以似笑非笑的自信態度來面對鏡頭。在他身上，我感受到的盡是他努力隱藏自己而拉出的距離，對人物攝影師而言，照片的價值取決於被攝影者的內心，這也成為我此次攝影必需挑戰及克服的一個難度。於是，我努力蒐集一些與林佳龍相關的資訊，從漸漸脫軌的記憶之河中，慢慢拼湊組合出他現在及過去的模樣。

初見林佳龍時，我非常意外，他完全不同於媒體上所見的鋒芒畢露與貴氣逼人，眼前的他，其實是個溫和謙恭，態度親切的人，有時候，當他面對較多人時，居然還會像個大男孩般顯得有些靦腆。這樣的落差，讓我有些詫異，原本規劃好要呈現他那種自信與驕傲的面向，勢必得重新思考……最後，我私心做了最後決定，我想呈現私底下一般人較難見到的林佳龍──在溫文中有一點點憂鬱，但又不屈不撓的林佳龍。

　　坐上林佳龍的車，見他神情肅穆地準備每一個行程，到達目的地，前腳一踏出門，就見他立刻釋放出燦爛的笑容，很誠摯地握緊每雙迎面而來的手，有人熱烈寒喧，有人冷漠相對，只見他一把抹去額前的汗珠，一步一雙手的握下去。他身上那種謙卑與真誠是我未曾見過的，偶爾，他在講台上慷慨激昂談著理想中的城市，頃刻之間他又遁入民眾裡，和熱情的支持者站在一起。我幾乎沒有看過他疲倦的樣子。

　　強烈颱風海棠來襲，全台都放假，那天也剛好是我們預定拍照的日子。林佳龍卻風雨無阻地準時前來，當天雨勢不大，但陣風卻很強勁，刮得手上相機搖搖晃晃。林佳龍標準的西裝頭也吹亂了，身上盡是雨漬，當他走過一株巨樹前，抬頭仰望前方的同時，身後的天空居然破開了一個洞，陽光穿過層層烏雲落在他身上。那一刻，我在感動中按下快門，感覺彷彿穿越時空，回到二十年前，看見那個一直存在腦海中的堅毅、勇敢、熱情、懷抱理想的……林佳龍。

陳建仲

個人簡歷

1968	生於台北
2000	世新大學社會發展研究所肄業
2005	現任綠線映像有限公司視覺統籌
1994	進入中國時報擔任文化版專任攝影記者
1998	赴法拍攝〈畢卡索大展〉平面影像專輯
1998	台北市政府新聞局〈台北老人〉攝影聯展
1999	與慈濟大愛台及時報人間副刊合作〈當代作家映像〉攝影專題
2000	始任台大攝影社指導老師
2000	任秀威創意大學攝影館教授
2001	籌劃本土攝影家Corner卡片出版
2002	國際視覺藝術中心〈角落之光〉攝影六人聯展
2002	總統陳水扁寫真集《總統開門》攝影師
2002	創立角落映像專業影像製作公司
2003	台積電年度運動會影像展規劃暨影片製作
2003	專案統籌原住民族委員會政策寫真專輯
2003	文建會第一屆國際鋼琴大賽影像紀錄
2003	始任實踐大學攝影社指導講師
2004	創立綠線映像有限公司
2004	聯合文學雜誌之台灣當代作家〈文學心鏡〉專欄
2004	光寶科技經典三十影像展暨圖文規劃
2004	金瓜石黃金博物館「本山五坑」影像紀實
2004	捷克前總統哈維爾來台參訪專屬攝影師
2005	遠雄企業團各事業體書面簡介之視覺統籌暨影像總監
2005	赴韓國首爾拍攝「歌劇魅影」亞洲巡迴演出幕後紀實

目錄

目
錄

「在這鬱悶的荒漠裡，忽然有張
相片迎著我，它使我充滿活力，
我為它注入生命。」

—羅蘭巴特

（攝影/陳建仲）

1 《裁縫師之子》

他挽起袖子，走過驟雨後的公園，一陣風吹亂原本整齊的頭髮，還來不及理好，一束陽光突然穿過厚厚的雲層照射下來，他抬起頭…

「喀嚓！」攝影者陳建仲趕緊按下快門，似乎想設法抓住這瞬間即逝的影像。

「這才是林佳龍！」陳建仲很興奮的轉過頭說。

中規中矩的西裝頭，筆直合身的西裝褲，是許多人對林佳龍的刻板印象，在學運時代，甚至有人因此而認為他可能是國民黨派來臥底的「抓扒子」，因為那個時代的「學運份子」看起來好像「不應該」是這種「模樣」的。

其實，林佳龍家裏是開西裝店的，他的父親、母親甚至於姐姐，總是會親手為他縫製褲子。他對家人縫製的西裝褲始終充滿一種特殊的情感。西裝褲代表著「愛」與「期待」，它為林佳龍的生命注入了永恆的思念與感懷。

（攝影／陳建仲）

2《一份期待》

　　美國開國元勳之一的約翰亞當斯，在美國獨立時曾講過一段令人動容的話：「我必須學習軍事與外交，為了讓我的孩子能學習哲學、數理和建築，也為了讓我孩子的孩子有機會學習美術、音樂與詩歌」。

　　林佳龍十分欽佩美國建國初期，從政者為了國家生存發展，能夠理性地相聚一堂，以民主風範展開國家發展方向的大辯論，以大格局凝聚國民共識。他認為從政者所有的努力，都是為下一代謀幸福，為此目標大家應該捐棄成見，攜手共創更美好的明天，這是他內心底永恆不滅的一份期待。

　　他認為上一代已經為我們建立了一個民主基礎，我們這一代就要鞏固得來不易的民主體制，在第一代建立的基礎上建設，我們的下一代才有機會在民主自由的體制上去開創更多元、更豐富、更具活力的文化。

（攝影/陳建仲）

3《浪漫與公義》

　　就像芥川龍之介「在雨夜中想抓住電線桿上剎那間跳躍的火花」，林佳龍似乎也不希望此生「比不上一行波特萊爾」。這種理想性格，在關鍵時刻，為了追求公義與真理，總是敢於拋棄一切包袱。

　　他認為，現實世界經常並不如我們的想像，當浪漫與現實衝突時，即便是需要妥協，也應該尋求站在公理與正義這一邊。對的事就是符合大多數人利益的事，把事做對也並非憑匹夫之勇，而是一群人齊心努力的結果，這就是他內心所認為的「浪漫與公義」。

　　林佳龍其實是一位浪漫主義者，這是一份掩藏不住的內在情感。就像社會學大師韋伯在〈政治做為一種志業〉、〈學術做為一種志業〉兩篇經典作品中所強調的熱情、責任、判斷力，這就是浪漫的理想主義者林佳龍的性格特色。

（攝影/陳建仲）

4《憨厚的「古意郎」》

　　少年時代的林佳龍，神情羞澀，甚至還有點娘娘腔，那模樣很難跟後來的「林發言人」、「林局長」相比擬。

　　由於是學者出身，習慣說理，不擅長在媒體面前表演，某種因為靦腆而產生的防衛心理，反而容易讓人產生一種距離感。瞭解林佳龍的人都知道，私底下他其實是一位個性帶點害羞的「古意郎」，不太會表達內在情感，也沒有甚麼細膩的社交手腕，面對鏡頭時儘管常能侃侃而談，清楚說理，但還是難掩緊張與不適應，所以他在電視上出現時，有時會讓人覺得他似乎不夠親切。

　　從政者難免有角色扮演時的定位與無奈，站在舞台上，時時刻刻「看人」同時也被「別人看」，而且經常是被用放大鏡看，但若深入接觸走入人羣的林佳龍，會發現他其實是一個很溫柔敦厚、沒有架子的人。

■純真年代的羞澀模樣
（照片由林佳龍友人提供）

5 《民主小子》

　　在學運世代逐漸受到矚目之後，曾經有許多媒體以「學運大老」來介紹林佳龍，其實在內心深處，他一直認為自己只是一位熱愛自由的「民主小子」罷了。

　　作為從學生時代就對各種民主理論和實踐入迷的「民主小子」，和現在的年輕人有的是「電玩小子」、有的是「鐵道小子」，其實並沒有本質上的不同。林佳龍說，「生命中總有一件事情，讓你魂牽夢縈，早也想，晚也想，吃飯也想，睡覺也想，那就對了。」

　　對林佳龍而言，「民主小子」其實還有另一層涵義，那就是他在每一段民主參與和學理研究的道路上，都十分幸運的能夠遇到扶持指引的前輩、師長，「在他們面前」，他說：「我真的只是一位尚待學習的小子而已。」

　　這樣的「民主小子」，他的青春，他的愛情，他的回憶與他的未來，都跟台灣的民主分不開，也不想分開。

■在街頭過夜的抗議學生

6 《人生最大的樂趣》

　　林佳龍家中有一面很高的書牆，裏頭有他遠從美國託運回來的近兩百箱書籍，休假在家時，能夠沉浸在書海裏閱讀、找資料，是他生活裏最高的享受。他認為讀書可以讓人胸無堆棧；視野如海洋般遼闊，他認為：

　　「讀書，真是人生最大的樂趣！」

　　不愛讀書的政治人物，能夠用什麼來填補空洞，充實虛無？相同的，因為多讀點書就堆砌傲慢的知識堡壘，倒還不如不要讀書。「學而後知不足，所以知識使人謙卑。」林佳龍說。

　　身為政治學者，他一生最想做的一件事，就是寫一套比較深入完整的台灣政治史，描述台灣近百年來的發展及重要歷程。實際投入政治以後，會有更多不同的角度與機會來檢視所思所學，所以，他準備六十歲以後再來動筆寫史，相信那時候他已經累積更多政治參與經驗及人生成長歷練，足以讓他的學術基礎、研究能力做更好的發揮，他深信身為學者的夢想也會在那時實現。

■家裏的整面書牆

7《靈魂伴侶兼司機》

廖婉如是林佳龍的妻子，因為結婚後林佳龍一直忙於公務，兩人經常分隔南北兩地無法相聚，她因此曾經在電視上開玩笑地說，她雖然已經嫁人，卻又彷彿未嫁。她的支持與體諒，可說是林佳龍心靈上的最大支撐。

許多人很驚訝奇美企業出身的廖婉如，竟然沒有一點富家女的驕氣，她樸實無華，就像是尋常老百姓般活在真實的人生裏，讓人很容易產生親切感。

在美國串聯海外學運時，廖婉如經常充當司機，載著林佳龍四處奔波，她也可以說是林佳龍生命裏最忠實的革命伙伴。到台中市參選期間，他們再次攜手走遍街頭巷尾，年輕的夫妻再一次共同為實現夢想而奮鬥，他們決心要與這美麗的都市共同成長打拼。

（攝影/陳建仲）

8《要記得》

對於生命的奧秘無常，林佳龍有一段時間曾經十分困惑，他唸建中時的一位高中同學，目前人在美國擔任牧師，每次回台灣總是會關心他的近況。對於林佳龍投身政治「惡水」，他有期待，也有祝福。他曾經寫了一張紙條，希望林佳龍「要記得」生命裏的一些事，這些叮嚀，曾帶給林佳龍許多心靈的慰藉。

「要記得」無論何時何地，家庭是最根本的支柱。
「要記得」用最謙卑的心，努力向前行。
「要記得」回首來時路，珍惜幸福。
「要記得」磨難是必須的，委屈是難免的。
「要記得」尊敬你的對手，與他交換比賽的制服。
「要記得」真有一位上帝，祂一直為你祝福。

■ 躍入一池惡水（攝影/陳建仲）

邱吉爾認為，勇氣是一種具體的資產。他在年輕時寫給母親的家書中這樣強調「我對個人英勇名聲的渴求，超過世上的一切」。

（攝影/陳建仲）

9 《雲林人精神》

　　林佳龍的故鄉雲林麥寮，就是人家說的海口，俗稱「風頭水尾」。「風頭」就是海風頭一個灌到、颱風一來大家就倒，「水尾」就是濁水溪出海處、常常氾濫成災的意思，所以那是一個非常險惡的生存環境。林佳龍的曾祖父就是在海邊抓海龜時不幸喪生。

　　林佳龍雖然在台北長大，但是從小生長在一個雲林人的裁縫工廠裡面，聽著台語老歌「孤女的願望」、「港都夜雨」長大。這是工廠裡當學徒的大哥哥大姐姐常唱的歌，也是這些流浪到城市去，想要上進的人的心聲。

　　他家裡最多的時候有三十幾個人，那就像一個小型的雲林同鄉會一樣。林佳龍很懷念那種一群人一起吃大鍋飯的感覺，雖然都是粗茶淡飯，但窮苦的人，感情也特別的融洽。小時候每逢年節或寒暑假，他都會回雲林老家，因為愛玩，回故鄉時總是特別的快樂。

　　有人說雲林人是台灣人精神的表徵，說的就是雲林人這種「蕃薯不怕落土爛，只求枝葉代代傳」的堅韌生命力。海口人特有的熱情與忠義，也許就是林佳龍勇氣十足，敢冒險、敢犯難，敢勇於挑戰不合理體制的原始動力！

■父子倆充滿海口人特有的熱情與忠義

10 《貧窮中樂觀向上》

由於祖父這一代經商失敗，積欠很多債務，林佳龍的父親在虎尾中學念書時經常窮到連三餐都沒辦法溫飽，因為貧困無法繼續念大學，他的父親只好赤手空拳，來到陌生的城市打拼。

小時候的林佳龍與家人住在萬華大理街的違章建築，就像其他外來的移民家庭一般，他的家裡也幾乎一無所有。林佳龍記憶裏的父母親，總是一針一線、日夜不停的工作，為了兒女，默默付出無私的愛與關懷。不過，他父親卻很有自信，說自己能夠離鄉背井、赤手空拳到外地打拼，只要肯努力，總是會有希望、有機會，所以他經常勉勵孩子們在窮苦中仍要積極樂觀。從照片中孩子們天真無邪的笑容中，我們似乎也感受到這種在貧困中仍然樂觀向上的自信與力量。

「過去的台灣誰沒窮過？貧窮不是重點，重點是在貧窮中仍舊能夠樂觀向上…，這是父親留給我們最美好的人生態度。」林佳龍說。

■幼時的林佳龍（右一）與家人的合影

11《摯愛的半個媽媽》

　　林佳龍的大姐大他四歲，因為父母親工作忙碌，從林佳龍有記憶以來，就是大姐在照顧他的生活起居，所以從小林佳龍跟大姐感情很親，她就像是林佳龍的半個媽媽。

　　大姐的個性充滿愛心，一生都是在付出。從小因為家裡的需要，大姐沒有選擇升學，而是在家裡當學徒並就讀補校夜間部，以便照顧家庭。那是一條艱苦的路，也是一個時代的女性縮影。有時林佳龍遭遇到重要困難，很低潮沮喪，大姐的身影會浮現在林佳龍心裏，讓他感受到溫暖和愛。

　　大姐對林佳龍的感情很深，對他的呵護，就好像捍衛家道的香火是她的責任。1988年5月11日，林佳龍跟一群「自由之愛」的朋友被校方懲戒，大姐跟家人，就遠遠站在椰林大道的另一頭支持著他。1990年3月野百合學運期間，大姐擔心林佳龍被抓，幾乎是天天到中正紀念堂來。大姐來並不是一定要見到林佳龍，只是要確定他沒事，她默默的來，默默的去。每天總有人傳來一袋東西，有時候是食物，有時候是乾淨的衣服。只要看到一袋傳來的東西，林佳龍就知道那天大姐來過了。

　　三月學運期間，大姐其實已經懷孕。她育有二女，一直盼望能生一個男孩子。那懷胎的十個月期間，大姐一直喘得很厲害，明明已經忍受不住了，但為了腹中的孩子，她不肯去照X光。那段期間她知道林佳龍要出國，一邊喘，還一邊幫他做了五件西裝褲，連醫生都在問：「她怎麼可能忍那麼久？怎麼可能忍得住？」

　　1990年11月，大姐終於如願產下一子，但是醫生也發現她得了癌症。全家沒有人敢告訴她，生與死是如此貼近。那段期間，大姐的眼神總會靜靜的望著林佳龍，最後還是林佳龍告訴她實情。

　　大姐是1990年12月過世的。那年，大姐30歲，她的小男孩一個多月前才剛剛出生。歷經野百合學運與當兵的種種挑戰與磨難，林佳龍始終堅強沈穩，情緒從不曾潰決，但是大姐的過世，卻讓他禁不住在眾人面前放聲痛哭，久久不能自已。

　　人即便是擁有世間一切，面對死亡，也無法讓所愛的人多活一刻。大姐的去世對林佳龍產生很大的衝擊，他花了很多時間思索生死問題，對生命逐漸有不同的體會。

12 《孩子王》

　　很多人以為，林佳龍能夠考上台大、拿到耶魯博士，從小功課一定非常好，是老師眼中的模範生。其實，林佳龍小時候愛玩，加上家裡連個寫作業的地方也沒有，除了偶爾會和同學到重慶南路的「東方出版社」翻翻少年文庫外，嚴格說來林佳龍小學時候並不算是一位喜歡唸書的小孩，成績只是普普通通。

　　因為經常跟父親工廠裡的學徒玩在一起，所以他早就習慣群體生活，而且他的階級認同、社會認同是傾向弱勢者的這邊，所以很樂意協助那些功課比較不好的同學，他們不但相處得不錯，而且當在學校看到一些不公平的事情時，他還會帶頭反抗，因而成為專門跟「班後段」同學站在一起的「孩子王」。

　　直升國中後，林佳龍開始比較用功唸書。可是，家裡還是沒有地方可以讓他寫作業，為了把老師交代的功課作完，他只好每天早一點到學校趕作業，或是晚一點離開學校把書唸完。如此早出晚歸，養成林佳龍在學校讀書的習慣，他將這種氣氛慢慢感染給其他同學，久而久之，自然形成一個彼此可以互相勉勵的讀書團體。

　　從愛玩的「孩子王」到愛讀書的「孩子王」，林佳龍的生命有了微妙的改變。

■少年時的林佳龍喜歡呼群引伴玩籃球鬥牛

13 《高二就開始認養小孩》

　　林佳龍高二的歷史老師，是一位補教界名師，他想把上課的內容整理成參考書。當時林佳龍擔任班長，又對歷史很有興趣，老師就請他負責協助這件事。

　　林佳龍認為編參考書是一個好機會，可以讓班上同學參與，透過共同達成目標的過程，激發同學的熱情與彼此的感情。因此，他動員了許多同學一起來幫忙。沒想到這本書後來成為暢銷書，老師就捐了十萬塊給班上。十萬塊在當時是一筆不小的數字，應該怎麼使用這筆錢呢？他們開班會討論，最後決定拿這筆錢去認養小孩。林佳龍覺得農村小孩更需要協助，所以就提議透過家扶中心，認養宜蘭壯圍鄉、五結鄉各兩個小孩。

　　建中畢業之後，林佳龍繼續認養小孩至當兵。目前他每個月還認養五個小朋友，以雲嘉南一帶家境清貧的小孩為主，他們經常會寫信給他分享生活心得。他相信如果自己有能力多幫助別人一點，這個社會就會多一些機會；每個世代多做一點，下一個世代就會多一些希望。

親愛的林叔叔您好:
林叔叔您寄的禮金我已
經收到了,我那2千元拿去給哥
哥繳學費,因為哥哥讀的是私
立的高中,所以學費比較貴,媽媽就拿那2千元來貼
補,林叔叔現在的天氣有時冷有時熱,您要多多
注意身體喔,我現在在學校的情形很好,可是
最最最到瓶頸都是在星期一要上課的時候都會睡過頭,
每次到學校又會被老師罵到我都快哭了,不過我的情
形漸漸的在好轉了,我現在都是一隻小小的開心
的小鬼頭,林叔叔我跟您說喔我們全校五年級要跳
啦啦隊,可是還在練習跳,我都會扭到腳很
痛了,可是為了班上的同學要好拼命啦。
　　　　祝您:
　　　　　　萬事如意
　　　230 530p 072876　　萬事如意

若涵頁上

14 《野百合學運》

一九九〇年三月野百合學運爆發的時候,林佳龍正在台中大度山防砲部隊服役,算是軍中只差兩個月就要退伍的「老鳥」。

三月十六日中午他從東海大學的學姐處,得知反對「老賊修憲」的學生們已經開始絕食。林佳龍就趕緊請假趕赴中正紀念堂,積極協助靜坐學生擬定訴求。他首先向各校學生代表分析,六四天安門學運就是因為訴求不明確,所以才被模糊焦點,進而被武力鎮壓,因此他力主野百合學運必須提出明確訴求,先確立運動的正當性,再據此設定抗爭策略。學生代表們經過集思廣益後,終於提出「改選國民大會、廢除臨時條款、召開國是會議、訂定政經改革時間表」等四大訴求。

當學生們的訴求公諸於世後,立即獲得社會廣大的迴想,范雲等學生代表最後也在三月二十二日進入總統府,獲得李登輝對召開國是會議的具體承諾。野百合學運在不流血的情況下和平落幕,林佳龍在這場歷史盛會中扮演不可輕忽的角色。直到現在,許多人在回顧這場學運時,對於林佳龍能夠在混亂複雜的局勢中快速理出頭緒;提出進退有據的策略,並且嚴守分際避免遭有心人士利用,這種種成熟的表現都讓人感到印象深刻。

■台大「大陸問題研究社」

15 《自由之愛》

　　自一九八○年代前期林佳龍即積極參與台大學運，推動代聯會主席普選運動、廢除審稿制度等改革議題，並成為全校性的學生領袖。

　　一九八七年初，已經就讀碩士班的林佳龍，率領學運人士當面向台大校長孫震提出「大學改革芻議」，但孫校長無法承諾黨政軍勢力退出校園，於是他們將抗爭層次拉高到立法院，大學法抗爭從此變成學運重要議題。

　　出國留學後，林佳龍參與留美學生跨校社團「台灣學生社」（ＴＣ），推動ＴＣ逐漸轉型。一九九四年，林佳龍在耶魯辦了一場「台灣問題研討會」，之後「北美洲台灣研究會」正式成立，由林佳龍擔任第一屆會長。

　　不管是參與學運、當兵或從政，林佳龍心中的動力始終是對人的關懷和愛，雖然有時必須採取抗爭行動，但他反抗的目標始終不是個人，而是壓迫人權的體制，以及這種體制背後的意識形態。林佳龍心中並沒有對特定人的不滿，也可以用超越個人的心情來面對週遭不公義的事務。直到現在，這種態度仍是他參與公共事務時的基本精神。

㊙校訓三八八八號

盧主
先生
女士惠鑒：

貴子弟林任龍現就讀於本校政治系所一年級，於本㊙年三月廿四日，夥同數十位同學，前往

立法院參加請願活動，並「擔任該項活動之（領隊、隊長、發言人），且主持記者會，發表

演講及從事請願書之呈送等工作」，非但有損校譽，亦易招致社會誤解，如果引發騷亂，絕非

個人、學校及國家之福，父母對子女，師長對學生，都有很高的期許，如任其參加請願，荒廢

學業，更非父母苦心培育子女之初衷。純就本校訓導法規而言，貴子弟本應接受嚴屬之懲罰，

姑念其年輕氣盛，且屬初犯，未忍遽予議處。敬請 台端妥為疏導，善加規勸，俾能幡然悔悟

，珍惜在學時間，專心向學，以期將來承擔國家社會的重責大任，並不負家長及社會之期望，

無任企盼。專此奉懇，順頌

時綏

孫 震 敬啟 七十六年四月十五日

臺北市羅斯福路
電話：總機三五一○二三一
音報掛號：中文一三二「學」 英文：TAITA

■台大校長孫震寄信規勸家長「妥為疏通」參加抗爭活動的學子

16 《美好的耶魯時光》

　　林佳龍在一九九一年獲得美國富爾布萊特國會獎學金前往耶魯大學，以七年時間先後取得碩士、博士學位。

　　初到美國，他的英文聽力不佳，口語表達能力也不好，上課時看到美國同學勇於表達意見，他卻羞於啟口，心中便覺得非常苦悶。後來，他決定以樂觀開放的態度面對，每天花上十幾個小時窩在圖書館內讀書，並且積極融入課堂上的討論，私下也會找教授談，最後果然逐漸克服了學習障礙。

　　剛去耶魯時他住在研究生宿舍，一天要花上美金十五元買餐券，一段時間下來，經濟負擔非常沉重，所以他乾脆買了一台微波爐，利用微波加熱冷凍豬肉，再佐以醬料湊合著吃，但吃不到幾週就怕了；接著他又換個菜單，利用吐司夾鮪魚醬果腹，但個把月後卻是一想到就食慾全無。「吃」在美國，真是苦煞了林佳龍。

　　與妻子廖婉如交往的那一段日子，他們經常會手牽手一起逛書店，在書海中消磨一整個午后，然後在夕陽下喝咖啡、聽音樂，林佳龍表示，這是他們海外求學當中最享受、也是最難忘懷的一段美好時光。

■林佳龍難得露出悠閒的氣息

17 《最浪漫的承諾》

　　一九九六年，經過海外這段相互扶持的歲月，林佳龍與廖婉如都確信，對方是能夠攜手同行一輩子的伴侶，也覺得「時間到了」，就決定結婚。

　　那一天是八月二日，婚禮在耶魯所在地的New Haven市政廳舉行，只有少數親友參加。不是他們刻意要低調，而是婉如不想要什麼特別的婚紗或婚宴。她最在乎的是彼此同甘苦共患難的承諾，因此她唯一的要求就是希望能在美國公證結婚，莊嚴地講" I do" 和對彼此一輩子的承諾。那句承諾就是" in sickness or health, to love, to hold, and to cherish, till death do us apart."

　　他們都覺得婚姻重要的不是物質的、世俗的形式，真正重要的是彼此心靈的契合及對愛情的承諾。他們都很喜歡有一首歌的歌詞：

　　「我能想到最浪漫的事，就是和你一起慢慢變老，一路上收藏點點滴滴的歡笑，留到以後坐著搖椅慢慢聊。

　　我能想到最浪漫的事，就是和你一起慢慢變老，直到我們老的哪兒也去不了，你還依然把我當成手心理的寶。」

■靈魂伴侶步上紅毯

18 《小孩的觀點看世界》

　　林佳龍跟廖婉如婚後育有一兒一女，老大五歲，叫宇謙，小名
AJ，原本婉如想將兒子取名「語謙」，希望他以後是一個說話很謙虛
的人，但林佳龍覺得宇宙的「宇」比較好，因為他們都希望他將來能
有宇宙般的胸懷，也有謙卑的態度。

　　小女兒予涵兩歲，長得很可愛，她是在婉如的媽媽過世後三個禮
拜出生的，婉如懷念媽媽對她的好，而且媽媽也很關心別人，一輩子
都很樂於付出，所以他們希望女兒將來能像她外婆，有愛的能量，可
以多多付出，又很有內涵。

　　林佳龍跟婉如從小的成長方式非常不同，林佳龍父母忙於工作，
沒多少時間理他，所以他整天在外面打混，可以說是在圍牆外長大。
婉如小時候不能隨意外出，幾乎只能跟妹妹玩，所以可以說是在圍牆
內長大。因為成長背景不同，熟悉的教育方式也不大一樣，所以兒子
出生後，婉如經常會跟林佳龍溝通對待小孩的方式，最初林佳龍還是
會習慣用大人的角度，去看待小孩，慢慢的他才逐漸學著蹲下來，試
著用跟小孩平行的觀點看世界，他才發現其實小孩有他自己的道理。

■小孩子擁有他們自己的道理

19 《爸爸永遠會在那兒》

　　有一次，廖婉如在台中參加一個親子的聚會，因為還沒有上學，AJ多數時間是在台南由爺爺跟阿姨們照顧。那天，台下坐的媽媽們懷裡都抱著自己的小孩，婉如觸景生情，講著講著眼淚就開始掉下來。那時候婉如已經兩個禮拜沒看到小孩，她很想念他們。那是婉如跟小孩分開最久的一次。

　　聚會結束後，婉如馬上打電話給AJ，跟他說媽咪跟爸爸很想念他，媽咪很Sorry，媽咪很抱歉都沒在你身邊陪你玩。想不到平常非常黏媽媽而且很有意見的AJ，居然說「我了解，我了解，我都了解」，口氣十足像個體貼的小大人，婉如聽了一方面破涕為笑，另一方面又因為感動而哭得更傷心。

　　林佳龍跟AJ與涵涵的關係，也讓林佳龍對他的父親，有更深的懷念。林佳龍的父親是不善於表達感情的人，他們之間從來沒有身體上的互動，或擁抱；但林佳龍生命中所有重要的場合，他父親的身影，都會在那裡。

　　爸爸永遠會在那兒。

　　知道父親永遠會默默的支持你，那給他一種心靈上莫大的安全感。他相信，爸爸永遠會在那兒。

■林佳龍全家難得一起公開出現

每個決策時機都獨一無二，而且
稍縱即逝，因此領導者最重要的
是當機立斷。

（攝影/陳建仲）

20 《聯合國任研究員》

一九九八年取得耶魯政治學博士學位後，林佳龍就申請去日本聯合國大學高等研究所擔任研究員。在推動「北美洲台灣研究會」時，他曾建議與日本學界、政界、媒體建立關係，赴日之後，林佳龍就身體力行與當地各領域的人互動。

在日期間，林佳龍從事亞太安全與中國研究，深入研究中國這種超大型國家的永續發展計劃，包括經濟成長、人口問題、環境保護、綠色GNP等，這段經驗對他後來到國安會工作，有極大助益。在日期間，林佳龍還曾與中國國務院民政部和科技部的人士合作研究，也與王丹、王軍濤、胡平、嚴家其、陳一諮等海外民運人士交往，他還透過在哈佛、耶魯舉辦的兩岸問題研討會，邀請各地中國學者與會。

林佳龍曾以參與或督導研究的名義到過中國很多次。一九九四年，中國民政部基層政權司接受美國福特基金會委託「村自治與基層選舉」調查，一九九五年後他又陸續前往北京、天津、上海、南京、武漢等大都市考察，這些中國研究經驗讓他獲益良多。

■林佳龍曾在日本聯合國大學從事亞太安全與中國研究

21 《沒有臉孔的國安委員》

　　陳水扁剛當選總統時，敗選的國民黨支持者包圍李登輝總統官邸，表面上國政紛亂，社會秩序大亂，但實際上新舊政府之間卻已經有秩序的成立一個穩定政權的交接小組，其中國家安全這塊是以張榮豐與邱義仁為主，當時整個國安交接事務，包含兩岸情況的緊急應變計畫、軍隊動向觀察等，則是由林佳龍與葉國興、柯承亨協助處理。兩岸關係詭譎多變的情勢底下，美中台三邊緊繃的微妙互動成為當年國際矚目的的焦點，林佳龍也經歷了這一段緊張且難忘的歷史過程。

　　政黨正式輪替後，因為長期研究兩岸關係與台灣民主轉型，在美國、日本都有豐富的智庫人脈，所以陳水扁總統正式延攬林佳龍擔任國安會諮詢委員，當時的他已經逐漸浮出政治檯面，年紀還不到四十歲，許多政治觀察者都認為，能夠在年輕時就與聞國家大政，並在歷史的關鍵時刻中發揮影響力，這些難得的歷練，將使得林佳龍比起一般年輕的政治人物更具有宏觀的視野。

■李登輝時代的重要國安幕僚團隊

22 《SARS世紀風暴》

　　林佳龍在行政院發言人期間，經歷SARS世紀風暴，看到的人性光明面與黑暗面，成為他一輩子難以忘懷的記憶。

　　SARS剛發生時，沒有人相信問題會變得那麼嚴重，但隨著風暴不斷升高擴大，林佳龍很快就發現，SARS已經快變成是社會危機，因此，他建議游院長站到第一線，將問題提升到行政院的層次，游院長因而召開跨部會會議做出七點決議，也讓外界清楚地方與中央的權責劃分。

　　SARS雖然造成台灣社會驚恐與自私心理，卻也出現許多感人的故事。有一天各大醫院院長齊聚行政院第二會議室，共同討論關於負壓病床嚴重不足的問題，部份私立醫院以董事會不同意為由拒絕提供病床，AIT（美國在台協會）也表達美方可能有撤僑的打算，就在人人自危的絕望氣息中，當時的台大醫院院長以感性的言語強調，他說醫生是社會的良心，有年輕的醫生為了救人，自己的肺部都已纖維化快死掉了，大家還能這樣自私下去嗎？當時氣氛非常動人，許多人都快哭出來，林佳龍的內心也深受感動，最後終於達成各醫院分配認養病床的共識。

　　SARS不但考驗危機處理的能力，同時也考驗人性。林佳龍在那段時間，對生命與愛有了更深的體會。

■行政院游揆辦公室同仁合影

23 《勇於改革的新聞局長》

　　外界咸認為林佳龍推動了新聞局有史以來幅度最深、影響最廣的改革，他的改革作為讓支持泛藍的力量更加討厭他，也讓支持泛綠的力量開始欣賞他，但是不論藍綠，都可以看見他的能力與決心，而從民調看來，中間選民其實一直都很支持林佳龍所推動的改革。

　　林佳龍認為政務官必須先在大方向上符合人民期盼，實際執行時難免會出現諸多爭議，但是只要能夠在過程當中生存下來，就有可能擴大支持面。至於政務官要如何在理想與現實間求取平衡？他覺得任何公共政策都會有支持、反對與中間力量，如果兩邊都想要討好，到最後一定兩邊都不討好。

　　至於所謂「開創新局」，林佳龍認為那絕非憑藉個人的一意孤行。新局面，是一群擁有純真情懷的人，一起努力，共同打破沉淪，用服務的熱忱，決心去完成一件造福眾人的事。他強調只要獲得人民的支持，取得合法性與正當性，改革就應該毫不遲疑的大步向前，在這個基礎上爭取更多的支持者，他認為這才是負責任的從政原則。

24 《領導哲學》

　　林佳龍認為領導者最重要的是能掌握時機，太早或太晚決策都會失敗。做決策就像是烤肉一樣，想要謀定後動，就必須先做好事前準備、慎選材料；烤肉過程中則必須具有耐心及決斷力，什麼時候該等待、什麼時候該翻面都含糊不得；時間與火候更考驗烤肉者對於整體環境的觀察與掌握。具體來說，他的「烤肉哲學」接近英國著名問政團體費邊社提倡的「漸近式改革」。他跟其他激進改革者最大的不同，在於知道自己的目標在那裡，所以能夠不斷修正朝目標前進；他也和道自己的侷限在那裡，所以更會善用組織與團隊做對的事、把對的事做好。

　　他認為精於計算的人往往最後收穫有限，大格局的人才可能改變環境條件，開創出的東西才能與更多人分享，所以一個領導者必須具有理想性格，對於核心目標、改革價值有清楚的認識，並且善用組織、團隊來研擬策略與展現執行力。

■揮別送行的同仁，林佳龍乘車離開新聞局

台中市已經是一個優秀(Good, A)的
都市，但是可以更卓越(Great, A+)！
從A邁向A+的過程，台中市需要先
找一位對的人當市長，然後再放手
讓他去做對的事。

人對，事情就對！

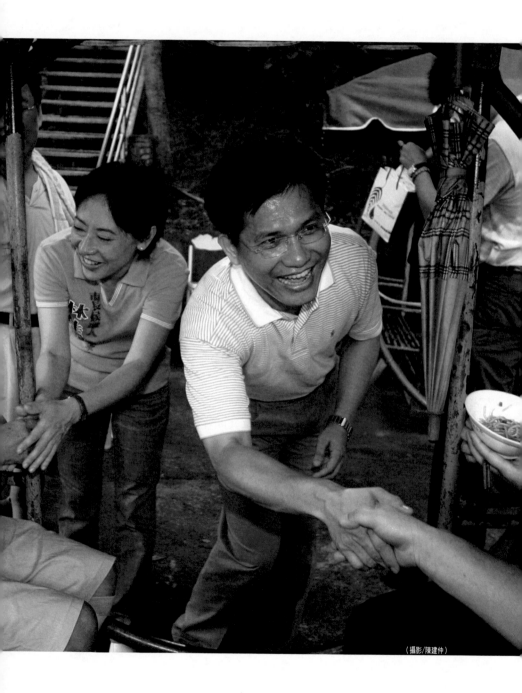

（攝影/陳建仲）

25 《從一朵花裏看到台中》

　　台中少雨，雲淡風輕，有宜人的天然氣候，有前人種樹，後人得以乘涼的林蔭大道，騎著腳踏車悠閒的越過大街小巷，對許多都市人而言，是多麼遙不可及的夢。「台中市是台灣非常少數能有機會建設成為花園都市的城鎮」林佳龍說，「我在台中市當兵的時候，經常會在台中公園的花朵中，感受到這個悠閒都市的美麗與芬芳，坐在公園椅上看著往來的、和善的人們，當兵時種種不愉快的事，總會一掃而空！」他回憶著。

　　林佳龍非常希望將來能夠有機會騎著腳踏車拜訪鄰里，或者與市民在公園裏很自然的相遇，坐下來，共同在樹蔭底下，喝杯老人茶，共同討論如何改善、積極建立一個偉大的台中市，他認為那將是非常叫人振奮的事。

　　「這是一個絕不遙遠的夢，我要和全體台中市民一起來實現！」林佳龍自信滿滿的說。

26 《用對的人，做對的事》

台中市是一個有創新能力的流行都會，服務業非常發達，台灣許多飲食創意，如泡沫紅茶、啤酒屋、庭園咖啡及時尚典雅兼具的前衛餐廳，均發源自台中。

「台中市是一個年輕的城市，需要一個能讓時尚、創意、活力同時奔放的流行音樂中心，台中要一直走在國際流行的尖端。」林佳龍的競選文宣裏不斷強調這一點。

根據以往在新聞局與產業互動的經驗與心得，林佳龍覺得台灣有許多文化創意產業都適合在台中生根，因為台中市有豐富的人文色彩、浪漫的生活步伐、前衛的後現代情調，他希望能與市民共同打造台中成為台灣的文化創意產業中心。

「台中是台灣下一個機會、下一個希望，更要是台灣的新核心。」林佳龍認為台中不能再繼續空轉，應該要積極實現台中在歷史上的大好機會。所以他胸有成竹的說：

「一定要用對的人，做對的事。」

（攝影/陳建仲）

27 《專心、專注、專業》

　　林佳龍認為治理市政就像經營公司一般，市長應該自許為專業經理人，謀定而後動，以執行力來貫徹縝密的計劃。誠如郭台銘董事長所言：「不賺錢的企業其存在是一種罪惡」，相同的他也認為「不進步的城市其存在是一種悲哀」，他認同所謂「刺蝟式」的經營理念，即領導者是「經營」事業，而不是「表演」事業，所以必須「專心、專注、專業」。

　　他認為「狐狸型」的經營者，經常會有數不完的策略與誇大不實的話術，但總是朝秦暮楚，表面看起來聰明，但是卻會不斷的消耗資源，最終使得公司陷於沉淪。專注的人往往沒有太多閃爍的言語，只有默默努力、全心全意達成目標。

　　「無論如何，經營者最後總是要拿出損益表來面對投資人，沒有績效，就應該沒有經營權！」林佳龍說。

（攝影/陳建仲）

28 《和世界一起》

　　林佳龍因為留學、工作與旅行的緣故，曾經到訪並用心探索過許多國家的重要城市。他覺得一個偉大的城市，應該要有幾項特質：市民有榮譽感、文化有在地特色、注重環境永續問題、支持綠色環保科技。

　　任何一個城市都難免有色情與治安的問題，但當它一旦逾越了市民所能忍受的限度，市民內心即有羞恥感，這個城市就很難變成是卓越的所在地。就像舊金山不是紐約，維也納不是巴黎，每一個偉大的城市都有它自己的特色，誰也不想模仿誰，所以他認為台中不是台北高雄，台中就是台中，它應該發展出屬於自己的特色。環境污染問題是本世紀的重大挑戰，有許多過度開發的工商業都市都將因為污染而陷入萬劫不復，所以他認為未來的偉大城市，應該注重環境永續問題，支持發展以綠色環保科技應用為主的各類產業。

　　「台中不是台北高雄，台中就是台中，我們要建設這樣有骨氣的新台中，和世界一起。」林佳龍說。

（攝影/陳建仲）

29 《期許與託付》

　　在密集的拜訪行程中，林佳龍隨時會被熱情的支持者包圍，有人大老遠的就對他揮手微笑，也有人不多言語的對他點頭打招呼，支持者自然流露出期許與託付，民眾情感的表現總是如此真實而不做作。「選舉帶給我生命中極大的改變，在山上、在海邊……我所握過的每一雙手，都讓我深深覺得對他們負有嚴肅的責任。」他說。

　　卸下政務官的林佳龍，談笑之間仍帶有一些靦腆，說到選戰的奔波與感想，眼神卻仍像孩子般閃動著熱情的光茫。

　　「走在台中街道，每當汗流浹背、疲憊不堪的時刻，總會有人為我加油打氣，那怕是一閃即過的鼓勵眼神，都會使我重新燃起奮鬥的熊熊烈火！」

　　看起來林佳龍已經找到了奮鬥的原動力！

〈攝影/陳建仲〉

（攝影/陳建仲）

（攝影/陳建仲）

（攝影/陳建仲）

30 《用手傳遞真情感》

　　攝影者陳建仲巧妙的運用各種角度，將林佳龍與市民互動握手的生動畫面補捉下來。鏡頭下的林佳龍看來似乎非常努力想用手來傳遞他真誠的情感，畢竟握手是一個開始，不是結束。

　　「握手的一剎那，兩神交會那一瞬間，真是會有一股電流貫穿全身，我始終相信用手是可以傳遞真情感的……」林佳龍說。

　　年輕的政務官下鄉選舉，真實體會到人民力量的可貴，他從人民身上學習到謙卑，他從人民身上找到奮鬥的動力，他從人民身上建立自信心、快步邁向成熟，這就是選舉，可貴的民主政治。

　　「民主！民主！民主！我願意用一生去捍衛！」林佳龍說。

（攝影/陳建仲）

（攝影/陳建仲）

31 《此其時也》

強烈颱風席捲全台灣，台中市中港路的綠樹被吹得東倒西歪，冒著強風，林佳龍一大早就決定仍然要依約趕赴台北市去見一位長輩。「趁著颱風天，也許高速公路不會塞車，這樣子當天來回才能節省時間。」林佳龍笑笑說，隨手塞了一條餅干放進公事包。

一路上，強風拍打著車窗，高速公路上果然車馬稀疏。沒睡飽的助理一上車倒頭就呼呼大睡起來，長期下來的奔波勞碌，鐵打的身子也不得不暫時歇一下。

林佳龍低頭用心地看著手上的資料，偶爾抬起頭將眼神凝望遠方，車內傳來他年少時很喜歡的歌：

THE LONG AND WINDING ROAD THAT LEADS TO YOUR DOOR WILL NEVER DISAPPEAR,I HAVE SEEN THAT ROAD BEFORE,IT ALWAYS LEADS ME HERE, LEAD ME TO YOUR DOOR.

他想起那些曾經面對的挑戰，記憶中那些深刻烙印的艱難、榮耀、辛酸、感動……「此其時也」的感覺油然而生。

他想著想著突然微笑起來，是的，他深刻明白，無論如何，他都會無畏無懼的勇敢邁向前方！

（攝影/陳建仲）

國家圖書館出版品預行編目

熱情的起點：林佳龍影像側記 / 文以崴編著；

陳建仲攝影. --一版. --臺北市：秀威資訊科技,2005[民94]

面； 公分. --（史地傳記；PC0021）

ISBN 978-986-7263-70-4（平裝）

1.林佳龍 - 傳記 2.林佳龍 - 照片集

782.886　　　　　　　94017376

史地傳記　　PC0021

熱 情 的 起 點 —林佳龍影像側記

發 行 人 / 宋政坤

攝　　影 / 陳建仲

文　　字 / 文以崴

編輯顧問 / 袁宗哲、莊國榮

視覺統籌 / 陳建仲

文字編輯 / 李坤城

美術編輯 / 羅季芬

數位轉譯 / 徐真玉、沈裕閔

圖書銷售 / 林怡君

網路服務 / 徐國晉

法律顧問 / 毛國樑律師

出版印製 / 秀威資訊科技股份有限公司

　　　　　台北市內湖區瑞光路583巷25號1樓

　　　　　電話：02-2657-9211　　傳真：02-2657-9106

　　　　　E-mail：service@showwe.com.tw

經 銷 商 / 紅螞蟻圖書有限公司

　　　　　台北市內湖區舊宗路二段121巷28、32號4樓

　　　　　電話：02-2795-3656　　傳真：02-2795-4100

　　　　　http://www.e-redant.com

2005 年 11 月　BOD 一版

定價：180元